AF564180

ORDONNANCE DU ROI,

Pour donner une nouvelle forme au Régiment de Pondichéry, créé le 30 Décembre 1772, pour la garde des possessions de Sa Majesté dans l'Inde.

Du 21 Juillet 1775.

DE PAR LE ROI.

SA MAJESTÉ s'étant fait rendre compte de la situation du Régiment de Pondichéry, créé par Ordonnance du 30 décembre 1772, Elle a jugé qu'il convenoit au bien de son service de faire quelques changemens dans sa composition; en conséquence, SA MAJESTÉ a ordonné & ordonne ce qui suit:

ARTICLE PREMIER.

Suppreſſion d'un Bataillon.

LE régiment de Pondichéry, créé ſur le pied de deux Bataillons, ne ſera plus à l'avenir formé que d'un ſeul Bataillon, & continuera d'exiſter ſous la même dénomination.

2.

Compoſition du Bataillon; création d'un Chef de Bataillon, & d'une compagnie de Chaſſeurs.

LE bataillon ſera commandé par un Chef de bataillon, & composé de dix compagnies, dont une de Grenadiers, une de Chaſſeurs & huit de Fuſiliers.

3.

Compoſition des Compagnies de Grenadiers & Chaſſeurs.

Création de Sous-lieutenans.

Diviſion deſdites Compagnies de Grenadiers & Chaſſeurs, par Eſcouades.

CHACUNE des Compagnies de Grenadiers & Chaſſeurs, ſera commandée par un Capitaine, un Lieutenant & un Sous-lieutenant; & composée d'un Fourrier, deux Sergens, quatre Caporaux, quatre Appointés, quarante Grenadiers ou Chaſſeurs, & d'un Tambour. Les quatre Caporaux, les quatre Appointés & les quarante Grenadiers ou Chaſſeurs, ſeront diſtribués en quatre eſcouades de douze hommes chacune, dont un Caporal & un Appointé; la première & la troiſième de ces eſcouades formeront la première diviſion à laquelle ſera attaché le premier Sergent; la ſeconde & la quatrième eſcouade formeront la ſeconde diviſion, à laquelle ſera attaché le ſecond Sergent; la première diviſion ſera ſubordonnée au Lieutenant, & la ſeconde au Sous-lieutenant: ces deux Officiers en rendront compte tous les jours au Capitaine qui en répondra au Chef de bataillon, le Chef de bataillon au Major, & le Major au Colonel, ou en ſon abſence au Lieutenant-colonel.

4.

L'INTENTION de Sa Majeſté eſt que les Grenadiers

& Chaſſeurs qui viendront à manquer, ſoient remplacés ſur le champ par les Compagnies de Fuſiliers indiſtinctement, où il ſe trouvera les Soldats les plus propres à ce ſervice; les Grenadiers ſeront choiſis comme il eſt d'uſage, & les Chaſſeurs, parmi les Soldats les plus ingambes, les plus en état de marcher, ſans avoir aucun égard à la taille.

Remplacement des Grenadiers & Chaſſeurs.

5.

LES Colonel, Lieutenant-colonel & Chef de bataillon, n'auront point de Compagnie.

6.

CHACUNE des Compagnies de Fuſiliers, ſera commandée par un Capitaine, un Lieutenant, un Sous-lieutenant; & ſera compoſée d'un Fourrier, quatre Sergens, huit Caporaux, huit Appointés, quatre-vingts Fuſiliers, & deux Tambours.

Compoſition des Compagnies de Fuſiliers.

Les huit Caporaux, les huit Appointés & les quatre-vingts Fuſiliers formeront huit eſcouades de douze hommes chacune, y compris un Caporal & un Appointé: la première & la cinquième eſcouade formeront une première ſubdiviſion, à laquelle ſera attaché le premier Sergent; la ſeconde & la ſixième eſcouade formeront la ſeconde ſubdiviſion, à laquelle ſera attaché le ſecond Sergent; la troiſième & la ſeptième eſcouade formeront la troiſième ſubdiviſion, à laquelle ſera attaché le troiſième Sergent; la quatrième & la huitième eſcouade formeront la quatrième ſubdiviſion, à laquelle ſera attaché le quatrième Sergent.

Diviſion deſdites Compagnies par eſcouades.

Les première & troiſième ſubdiviſions formeront la première diviſion qui ſera ſubordonnée au Lieutenant, & les deuxième & quatrième ſubdiviſions formeront la ſeconde diviſion que commandera le Sous-lieutenant: ces deux Officiers en rendront compte tous les jours au Capitaine, qui en répondra au Chef de bataillon, le Chef de bataillon au Major, & celui-ci au Colonel, ou en son absence, au Lieutenant-colonel.

7.

Composition de l'État-major.

L'ÉTAT-MAJOR dudit Régiment, sera composé d'un Colonel, d'un Lieutenant-colonel, d'un Major, d'un Chef de bataillon, de deux Aides-major, de deux Sous-aides-major, de deux Porte-drapeaux, & d'un Tambour-major.

8.

Choix des Lieutenant-colonel & Major.

SA MAJESTÉ considérant que le bien de son service exige que les charges de Lieutenant-colonel & de Major, soient remplies par les Officiers les plus distingués, tant par leurs services que par leurs talens, Elle a résolu de s'en réserver la nomination, & de choisir à l'avenir les sujets qui devront les remplacer, parmi les Chefs de bataillon & Capitaines des Régimens de France & des Colonies indistinctement, qu'Elle jugera devoir mériter cet avancement.

9.

Chefs de Bataillon, parvenant à ce grade par ancienneté.

LE Chef de bataillon parviendra à ce grade par son ancienneté, & ce sera à l'avenir le Capitaine de Grenadiers du Régiment, qui sera pourvu de cet emploi quand il viendra à vaquer: Le Chef de bataillon aura rang de Major, commandera & aura la police du Bataillon, mais sera toujours subordonné au Major du Régiment.

10.

Capitaines de Grenadiers,

LE plus ancien Capitaine de Fusiliers du Régiment,

montera à la Compagnie de Grenadiers quand elle viendra à vaquer.

parvenant à ladite Compagnie par ancienneté.

I I.

LA Compagnie de Chaſſeurs ſera donnée au Capitaine de Fuſiliers, qui ſera jugé le plus capable de la bien commander, ſans avoir égard à l'ancienneté.

Capitaines de Chaſſeurs, parvenant à ladite Compagnie, ſans avoir égard à l'ancienneté.

I 2.

LES Compagnies de Fuſiliers qui viendront à vaquer, ſeront données à l'avenir alternativement au premier Lieutenant du Régiment & à un Officier tiré des Troupes de France, dont Sa Majeſté ſe réſerve la nomination.

Compagnies de Fuſiliers, données alternativement au premier Lieutenant du Régiment, ou à un Officier dont le Roi ſe réſerve la nomination.

I 3.

LORSQU'IL vaquera une Aide-majorité, le Colonel propoſera le ſujet qu'il croira le plus capable de bien remplir cette place, & le choiſira parmi les Capitaines, les Sous-aides-major & les Lieutenans.

Choix des Aides-major.

I 4.

LORSQU'IL vaquera une Sous-aide-majorité, le Colonel propoſera également le ſujet qu'il croira le plus capable, & choiſira parmi les Lieutenans & Sous-lieutenans: Le Sous-aide-major aura rang de Lieutenant du jour de ſa réception ou brevet; & en conſéquence, il commandera à tous les Sous-lieutenans & à tous les Lieutenans moins anciens que lui.

Choix des Sous-aide-major.

I 5.

LES Porte-drapeaux ſeront à l'avenir tirés du Corps des Fourriers & Sergens, auront rang de derniers Sous-lieutenans, & ſeront tenus dans tous les temps de porter les drapeaux à pied.

Choix des Porte-drapeaux.

16.

Inſpection du Régiment.

L'INTENTION de Sa Majeſté eſt que le Commandant général des établiſſemens françois dans l'Inde, ou en ſon abſence celui qui le repréſentera, inſpecte ledit Régiment, d'après les inſtructions qui lui ſeront adreſſées, pour en faire la revue.

17.

Autoriſation pour que le Commandant général pourvoie proviſoirement aux emplois vacans, ſur la propoſition du Colonel.

SA MAJESTÉ conſidérant l'éloignement de Pondichéry, autoriſe le Commandant général, ou en ſon abſence, celui qui le repréſente, de pourvoir proviſoirement aux places de Chefs de bataillon, Capitaines de Grenadiers, Capitaines de Chaſſeurs, Aides-major, Sous-aides-major, Lieutenans & Porte-drapeaux, qui par la ſuite viendront à vaquer ; ces places devant être remplies, ou par ordre d'ancienneté, ou conformément à la propoſition du Colonel, ainſi qu'il eſt expliqué par les articles 9, 10, 11, 12, 13, 14 & 15 de la préſente Ordonnance : Le Commandant général donnera une commiſſion proviſoire auxdits Officiers, en vertu de laquelle ils ſeront reçus dans leur nouveau grade ; & il en inſtruira le Secrétaire d'État ayant le département de la Marine, pour leur faire expédier d'autres commiſſions de Sa Majeſté.

Quant aux Compagnies de Fuſiliers & Sous-lieutenances qui viendront à vaquer, Sa Majeſté ſe réſerve d'y pourvoir, ſur l'avis qui en ſera donné par le Commandant général & le Colonel du Régiment, au Secrétaire d'État ayant le département de la Marine : Le Commandant général & le Colonel déſigneront les Lieutenans qui doivent monter, par leur ancienneté, aux Compagnies, & joindront à leur avis une note de leurs talens, application & conduite.

18.

LE Major ſera ſeul chargé d'ordonner, ſous l'autorité

du Colonel & du Lieutenant-colonel, les menues réparations, dont il confiera le ſoin à l'Aide-major & au Sous-aide-major, qui ſeront tenus de lui en rendre compte; il ſera chargé de plus de l'adminiſtration des deniers du Régiment, & pour n'être pas diſtrait de ſes fonctions, il pourra choiſir un Officier auquel il confiera l'adminiſtration de la Caiſſe & toute la régie du détail ſous ſon autorité: Cet Officier, dont le nom ſera porté ſur la revue comme chargé du détail, recevra ſix cents livres par an en ſus des appointemens de ſon grade; & néanmoins le Major répondra toujours de la Caiſſe, & ſera tenu de ſigner & certifier tous les mouvemens du contrôle du Régiment, & de les envoyer au Secrétaire d'État ayant le département de la Marine.

Le Major chargé ſupérieurement des menues réparations & de l'adminiſtration de la Caiſſe.

19.

TOUT l'argent de la ſolde ou de toute autre partie, qui appartiendra au Régiment, ſera remis tous les mois au Major, pour être enfermé dans une caiſſe, à laquelle il y aura trois ſerrures, dont le Colonel aura une clef, le Major, une autre; & l'Officier chargé du détail, la troiſième. En l'abſence du Colonel, la clef, dont il doit être dépoſitaire, demeurera entre les mains du Lieutenant-colonel, ou de l'Officier qui ſe trouvera commander le régiment. En l'abſence du Major, ſa clef ſera remiſe à l'Aide-major, de manière que, dans tous les cas, la caiſſe ne puiſſe s'ouvrir qu'en préſence de trois perſonnes. Il y aura toujours, dans la caiſſe, un état des fonds qui y ſeront mis, & un état de ceux qui en ſeront tirés, avec les cauſes des recettes & dépenſes. Ces états ſeront ſignés par le Commandant du Corps, par le Major & l'Officier chargé de la caiſſe; il en ſera remis un tous les mois aux Commandant & Intendant de Pondichéry.

Établiſſement d'une Caiſſe à trois ſerrures.

Adminiſtration de la Caiſſe.

20.

Choix des bas Officiers.

LE Colonel nommera aux places de Fourrier & de Sergent, qui viendront à vaquer; il choiſira les Fourriers parmi tous les Sergens du Régiment, & les Sergens parmi tous les Caporaux. Les Capitaines des Grenadiers, Chaſſeurs & Fuſiliers, propoſeront au Colonel, les Caporaux qu'ils choiſiront parmi les Appointés & Soldats de leurs Compagnies. Quant aux places d'Appointés, elles ſeront données à l'ancienneté.

21.

Terme des Engagemens fixé à huit ans.

LE terme des engagemens ſera fixé à huit ans. Les Soldats, qui monteront aux hautes-payes, ne ſeront pas tenus de ſervir trois ans au-delà du terme de leur engagement, & le congé abſolu ſera donné régulièrement aux Soldats dont l'engagement ſera expiré.

22.

Récompenſe pour les Soldats qui auront contracté un ſecond engagement.

TOUS bas Officier ou Soldat, qui voudra renouveler un ſecond engagement, recevra, à ſon choix, cent vingt livres comptant, ou un ſou de haute-paye par jour pendant les huit ans de ſon ſecond engagement; dans les deux cas, il portera pour marque diſtinctive de ſon ſervice, ſur le bras gauche, un chevron de ruban de laine de la couleur du parement, comme il eſt établi dans l'Infanterie Françoiſe.

Les Soldats, qui auront renouvelé ce ſecond engagement, & qui, après avoir ſervi ſeize ans dans le Régiment, ou ci-devant dans les Troupes de la Colonie ou au-delà, ſe trouveront hors d'état par des infirmités ou bleſſures, de continuer leurs ſervices, ce qui ſera conſtaté par le Commandant général lors de ſon inſpection, jouiront chez eux de la moitié de la ſolde du grade dans lequel ils auront ſervi huit ans, ou ſeront placés dans la Compagnie des Invalides de l'Iſle de France.

23.

Récompenſe pour les Soldats qui auront contracté un troiſième engagement.

TOUS bas Officier ou Soldat, qui renouvellera volontairement un troiſième engagement, recevra, à ſon choix, deux cents quarante livres comptant, ou deux ſous de haute-paye par jour pendant la durée de ſon troiſième engagement, & portera deux chevrons de laine ſur le bras.

24.

Récompenſe pour les Soldats qui ont acquis la vétérance.

LES bas Officiers ou Soldats qui, ayant renouvelé un troiſième engagement, auront ſervi vingt-quatre ans dans le Régiment, ou ci-devant dans les Troupes de la Colonie, pourront ſe retirer chez eux avec la ſolde entière de leur grade actuel, pourvu qu'ils aient ſervi huit ans, ſans quoi ils ne jouiront que de la ſolde du grade qu'ils avoient auparavant.

Les bas Officiers ou Soldats, qui, après vingt-quatre ans de ſervice, voudront le continuer dans le Régiment, recevront une haute-paye de quatre ſous par jour tant qu'ils reſteront au Régiment; & tous les ans, à la revue d'inſpection, ces Soldats vétérans ſeront les maîtres de ſe retirer chez eux avec leur ſolde entière, comme il eſt expliqué ci-deſſus, ou ſeront placés dans la Compagnie des Invalides de l'Iſle de France, s'ils le préfèrent. Ces Soldats, ayant acquis la vétérance, en porteront la marque diſtinctive comme les autres vétérans de l'Infanterie Françoiſe. Le Commandant général en adreſſera, après ſa revue d'inſpection, un état nominatif au Secrétaire d'État ayant le département de la Marine, afin qu'il adreſſe au Régiment les brevets & plaques de ces vétérans.

25.

États des soldes & demi-soldes, à adresser par le Commandant général après sa revue d'inspection.

Le Commandant général adressera tous les ans, après sa revue d'inspection, au Secrétaire d'État ayant le département de la Marine, un état des demi-soldes & soldes entières qu'il aura été dans le cas d'accorder, avec une note des services de ces Soldats, de leur grade, de leurs différens engagemens, de leurs noms & surnoms, & des lieux où ceux qui les auront obtenues, se retirent en France, afin qu'il soit pourvu au payement desdites demi-soldes ou soldes entières. Ceux desdits Soldats qui resteront à Pondichéry, en seront payés par les ordres de l'Intendant de ladite Colonie. Les bas Officiers & Soldats à qui la solde ou demi-solde aura été accordée, & qui se retireront en France, se présenteront en débarquant au Commissaire de la Marine, de résidence dans le port de leur débarquement, lui présenteront leur cartouche & certificat de service, sur lesquels sera fait mention de la solde accordée. Ledit Commissaire mettra son vu sur les cartouches, les enregistrera, & donnera avis au Secrétaire d'État ayant le département de la Marine, de l'arrivée des bas Officiers & Soldats, & des lieux où ils se retireront; il leur fera payer pour les mettre en état de se rendre en droiture dans les lieux où ils devront se retirer pour y jouir de la solde ou demi-solde qui leur aura été accordée; savoir, quatre sous par lieue à chacun des Fourriers, Sergens & Caporaux, & trois sous aussi par lieue à chacun des Appointés & Soldats; & en outre, six livres à chacun d'eux sans distinction de grade, pour leur tenir lieu de traversée & leur donner les moyens de se fournir les menues hardes dont ils pourront avoir besoin à leur débarquement.

26.

Le Commandant général, chaque année, lors de sa revue

l'inspection, constatera le nombre des Soldats qui doivent ouir des hautes-payes accordées par les articles 22, 23 & 24 de la présente Ordonnance, & ce qui aura été déboursé par le Régiment, pour les rengagemens. Il arrêtera le montant de ces deux objets; il en donnera main-levée au Major du Régiment, au bas de l'état nominatif desdits Soldats; & le Major sera remboursé par le Trésorier de la Colonie, des avances que la caisse du Régiment aura pu faire à ce sujet. Le Commandant général remettra après sa revue, l'état nominatif de ces hautes-payes, signé de lui & des Commandant & Major du Régiment, au Commissaire de la Marine, chargé de la police du Régiment, pour en suivre le mouvement dans ses revues.

Avances faites par la Caisse du Régiment, des hautes-payes & des rengagemens, remboursées par une main-levée de l'Inspecteur.

27.

SA MAJESTÉ jugeant qu'il est plus convenable & plus utile au bien de son service, de n'employer à l'avenir que des Noirs pour Tambours, ordonne qu'il sera engagé dix-huit Topas, jeunes, d'une taille & figure convenables & les plus propres en tout à apprendre à battre la caisse & à jouer des instrumens militaires; lesquels dix-huit Topas formeront à l'avenir le Corps des Tambours, sous la discipline du Tambour-major. Comme il y a deux Tambours par compagnie de Fusiliers, Sa Majesté permet qu'il y ait quatre de ces Tambours qui soient Musiciens, & jouent des instrumens militaires.

Corps des Tambours, formé de Noirs.

Ces Tambours feront chambrée & ordinaire ensemble.

28.

LES appointemens des Officiers, & la solde des Soldats du Régiment, seront payés sur le pied qui suit, à compter du jour de l'enregistrement de la présente Ordonnance au contrôle de la Marine, à Pondichéry; le tout sans aucune augmentation pour raison de logement, ou pour tenir lieu de rations, ou à quelqu'autre titre que ce soit.

Appointemens & Solde.

SAVOIR:

ÉTAT-MAJOR.	APPOINTEMENS ET SOLDE. Par jour.			Par mois.			Par an.
Au Colonel, vingt-ſept livres quinze ſous ſix deniers deux tiers, ci...	27l	15s	6d $\frac{2}{3}$	833l	6s	8d	10000l
Au Lieutenant-colonel, ſeize livres treize ſous quatre deniers, ci...	16.	13.	4	500.	"	"	6000.
Au Major, treize livres dix-ſept ſous neuf deniers un tiers........	13.	17.	9 $\frac{1}{3}$	416.	13.	4	5000.
Au Chef de bataillon, onze livres deux ſous deux deniers deux tiers, ci....................	11.	2.	2 $\frac{2}{3}$	333.	6.	8	4000.
A chaque Aide-major avec commiſſion de Capitaine, ſix livres treize ſous quatre deniers, ci...	6.	13.	4	200.	"	"	2400.
A chaque Aide-major ſans commiſſion de Capitaine, cinq livres, ci....................	5.	"	"	150.	"	"	1800.
A chaque Sous-aide-major, quatre livres huit ſous dix deniers deux tiers, ci...............	4.	8.	10 $\frac{2}{3}$	133.	6.	8	1600.
A chaque Porte-drapeau, deux liv. quinze ſous ſix den. deux tiers, ci.	2.	15.	6 $\frac{2}{3}$	83.	6.	8	1000.
Au Tambour-major, dix-neuf ſous, ci................	"	19.	"	28.	10.	"	342.
COMPAGNIE DE GRENADIERS							
Au Capitaine, huit livres ſix ſous huit deniers, ci.	8.	6.	8	250.	"	"	3000.
Au Lieutenant, cinq livres, ci...	5.	"	"	150.	"	"	1800.
Au Sous-lieutenant, quatre livres trois ſous quatre deniers, ci....	4.	3.	4	125.	"	"	1500.
Au Fourrier, une livre, ci......	1.	"	"	30.	"	"	360.
A chaque Sergent, dix-huit ſous ſix deniers, ci	"	18.	6	27	15.	"	333.
A chaque Caporal, treize ſous, ci	"	13.	"	19.	10.	"	234.
A chaque Appointé, onze ſous ſix deniers, ci..............	"	11.	6	17.	5.	"	207.

	APPOINTEMENS ET SOLDE.						
	Par jour.			Par mois.			Par an.
A chaque Grenadier, dix ſous, ci.	//	10^{s}	$//^{d}$	15^{l}	$//^{s}$	//	180^{l}
Au Tambour-Noir, huit ſous, ci..	//	8.	//	12.	//.	//	144.
Compagnie de Chasseurs.							
Au Capitaine, ſept livres dix ſous, ci	7.	10.	//	225.	//.	//	2700.
Au Lieutenant, quatre livres quatorze ſous cinq deniers un tiers, ci...	4.	14.	$5\frac{1}{3}$	141.	13.	4	1700.
Au Sous-lieutenant, trois livres dix-ſept ſous cinq deniers un tiers, ci.	3.	17.	$5\frac{1}{3}$	116.	13.	4	1400.
Au Fourrier, dix-neuf ſous ſix deniers, ci.	//	19.	6	29.	5.	//	351.
A chaque Sergent, dix-huit ſous, ci.	//	18.	//	27.	//	//	324.
A chaque Caporal, douze ſous ſix deniers, ci.	//	12.	6	18.	15.	//	225.
A chaque Appointé, onze ſous, ci.	//	11.	//	16.	10.	//	198.
A chaque Chaſſeur, neuf ſous ſix deniers, ci.	//	9.	6	14.	5.	//	171.
Au Tambour-Noir, huit ſous, ci...	//	8.	//	12.	//.	//	144.
Compagnies de Fusiliers.							
Au Capitaine, ſix livres treize ſous quatre deniers, ci.	6.	13.	4	200.	//	//	2400.
Au Lieutenant, quatre livres huit ſous dix deniers deux tiers, ci...	4.	8.	$10\frac{2}{3}$	133.	6.	8	1600.
Au Sous-lieutenant, trois liv. douze ſous deux deniers deux tiers, ci.	3.	12.	$2\frac{2}{3}$	108.	6.	8	1300.
Au Fourrier, dix-huit ſous ſix den. ci.	//	18.	6	27.	15.	//	333.
A chaque Sergent, dix-ſept ſous, ci.	//	17.	//	25.	10.	//	306.
A chaque Caporal, onze ſous ſix deniers, ci.	//	11.	6	17.	5.	//	207.
A chaque Appointé, dix ſous, ci..	//	10.	//	15.	//	//	180.
A chaque Fuſilier, huit ſous ſix den. ci.	//	8.	6	12.	15.	//	153.
A chaque Tambour-Noir, huit ſous, ci.	//	8.	//	12.	//.	//	144.

29.

Retenue des quatre deniers pour livre attribués aux Invalides de la Marine.

LES Officiers, tant de l'État-major que des Compagnies, jouiront de leurs appointemens en entier, à la ſeule déduction des quatre deniers pour livre attribués aux Invalides de la Marine. Les Capitaines ſupporteront en outre, la retenue des quatre deniers pour livre, ſur la ſolde des bas Officiers & Soldats de leur Compagnie.

30.

Linge & Chauſſure.

VEUT & entend Sa Majeſté, que ſur la ſolde réglée à chaque Fourrier, Sergent, Caporal, Appointé, Grenadier, Chaſſeur, Fuſilier & Tambour, il en ſoit affecté ſeize deniers par jour par chaque Fourrier & Sergent; & huit deniers par chaque Caporal, Appointé, Grenadier, Chaſſeur, Fuſilier & Tambour, pour s'entretenir de linge & chauſſure.

Le décompte de la retenue pour linge & chauſſure, ſera fait tous les quatre mois, afin que chacun puiſſe connoître ſa ſituation; & pour cet effet, le chef de chaque chambrée ſera tenu d'y afficher le décompte de chacun.

Après ce décompte fait, on conſervera à la Maſſe de l'entretien du linge & chauſſure, la ſomme de quinze livres pour chaque homme, laquelle formera le premier article de recette du décompte, & le ſurplus lui ſera payé ſur le champ. Leſdites quinze livres ſeront conſervées à la caiſſe, & ne ſeront données à chacun d'eux, ſauf le cas d'un beſoin imprévu, que lorſqu'après avoir obtenu leur congé abſolu, ils quitteront le Régiment.

31.

Entretien des Compagnies, menues réparations,

A l'égard des réparations journalières de l'habillement, équipement, armement, entretien de caiſſes de Tambours du Régiment, Sa Majeſté fera former ſur le pied du complet, une Maſſe de cinq livres pour chaque homme par an, en tout temps, laquelle ſera remiſe tous les mois à la caiſſe du Régiment, avec la ſolde, pour être employée auxdites réparations; & ſera tenu le Major d'en rendre compte, ainſi qu'il ſera ci-après ordonné.

Maſſe de cinq livres par homme à ce attribuée.

32.

LES appointemens & la ſolde du Régiment, ſeront pris ſur les fonds à ce deſtinés, ainſi que toute la dépenſe relative à la levée & au remplacement des hommes.

Fonds deſtinés pour les appointemens & ſolde.

33.

LES revues & montres ſeront faites tous les mois par un Commiſſaire de la Marine ou un autre principal Officier d'adminiſtration, dans la forme preſcrite par les Ordonnances pour les Troupes de Sa Majeſté.

Revue des Commiſſaires de la Marine tous les mois.

34.

LES appointemens des Officiers & la ſolde des Soldats, ſeront payés tous les mois au Major, d'après la revue du Commiſſaire, ainſi que le montant de la Maſſe des menues réparations de l'habillement, équipement & armement, dont le Major donnera ſon reçu proviſionnel; il donnera à la fin de chaque année une quittance du tout, & cette quittance ſera ſeule aſſujettie au contrôle.

Appointemens & Solde payés tous les mois.

35.

LE Major rendra tous les ans en préſence du Colonel & du Lieutenant-colonel, devant le Commandant général & l'Intendant de la Colonie, ou ceux qui les repréſenteront, un compte général des ſommes qu'il aura reçues, & des dépenſes qui auront été faites pour le régiment; & ledit

Compte du Major arrêté tous les ans par le Commandant général & l'Intendant.

compte ſera clos & arrêté par eux à la fin de chaque année.

Il ſera fait trois expéditions dudit compte & de l'arrêté qui ſera mis au bas, dont une ſera remiſe au Major pour ſa décharge, la ſeconde au contrôle de la Marine, & la troiſième ſera envoyée au Secrétaire d'État ayant le département de la Marine.

36.

Les Tambours actuels répartis dans les Compagnies de Fuſiliers.

SA MAJESTÉ ayant réglé par la préſente Ordonnance, que le Corps des Tambours ſeroit compoſé de Noirs, les Tambours actuels ſeront répartis dans les compagnies de Fuſiliers.

37.

Uniforme du Régiment.

L'UNIFORME du Régiment de Pondichery, continuera d'être le même que celui réglé par l'Ordonnance du 30 décembre 1772 ; le Chef de bataillon portera une épaulette en argent, avec une frange ſimple en or; les Chaſſeurs auront pour diſtinction deux épaulettes de drap rouge; les Tambours auront pour coiffure un bonnet avec une plume blanche au lieu de cocarde, dont la forme ſera preſcrite par le Commandant général.

38.

Défenſe de laiſſer travailler les Soldats hors de la garniſon.

SA MAJESTÉ défend expreſſément au Colonel & aux Officiers dudit Régiment, de laiſſer travailler aucuns Soldats hors de leur garniſon, ſous quelque prétexte que ce ſoit; ils ne doivent être employés qu'aux travaux du Roi, pour leſquels ils ſeront payés, ſuivant le prix fixé par le Commandant général & Intendant, & par l'Ingénieur. Tout Soldat qui aura la permiſſion de travailler de ſon métier, dans le lieu de ſa garniſon, ſera tenu de coucher aux caſernes.

39.

VEUT Sa Majeſté qu'à Pondichéry & dans les comptoirs qui en dépendent, le ſervice ſe faſſe, grade égal, par ancienneté de commiſſions, lettres ou brevets, afin d'éviter les difficultés qui pourroient ſurvenir entre les Officiers des différens Corps ou Régimens qui ſe trouveroient dans l'Inde.

40.

IL ſera fourni à chaque bas Officier ou Soldat, quarante livres de ris par mois, ſans qu'il ſoit queſtion d'aucune retenue pour cette fourniture.

41.

ENTEND au ſurplus Sa Majeſté que l'Ordonnance du 30 décembre 1772, portant création du Régiment de Pondichéry, ſera exécutée pour les articles auxquels il n'eſt pas dérogé par la préſente.

MANDE & ordonne Sa Majeſté à Monſ. le Duc de Penthièvre, Amiral de France, au Commandant général des établiſſemens françois dans l'Inde, aux Officiers d'adminiſtration, & à tous ceux qu'il appartiendra, de tenir la main à l'exécution de la préſente Ordonnance.

FAIT à Verſailles le vingt-un juillet mil ſept cent ſoixante-quinze. *Signé* LOUIS. *Et plus bas,* DE SARTINE.

LE DUC DE PENTHIÈVRE,
Amiral de France.

VU l'Ordonnance du Roi ci-dessus & des autres parts, à nous adressée : MANDONS à tous ceux sur qui notre pouvoir s'étend, de l'exécuter & faire exécuter suivant sa forme & teneur. FAIT à Bizy le vingt-quatre octobre mil sept cent soixante-quinze. *Signé* L. J. M. DE BOURBON. *Et plus bas,* Par son Altesse Sérénissime. *Signé* DE GRANDBOURG.

A PARIS,
DE L'IMPRIMERIE ROYALE.

M. DCCLXXV.

www.ingramcontent.com/pod-product-compliance
Lightning Source LLC
LaVergne TN
LVHW020512230826
846091LV00008BA/3469

* 9 7 8 2 3 2 9 3 4 3 9 0 7 *